SOLITUDINE

La Solitudine del Poeta

Raccolta poetica di

Antonio Azzerlini

We-News.com Editore

Colophon

Prima Edizione: Giugno 2017

… registrata alla Cancelleria del Tribunale di Nuoro
V.G.SICC. N° 534/2010
Cron. N° 905/2010
Reg. Stampa n° 03/2010

Sede: V.le Repubblica n°87, Nuoro, 08100 (NU)
Direttore Responsabile: Mauro Suma
Editore e Manager Editoriale: Giulio Tolu

www.we-news.com
guadagnareonline24@gmail.com

Profilo Facebook:

https://www.facebook.com/wenewscom

Profilo Twitter:

https://twitter.com/wenewscom

We-News Editore Channel:

https://www.youtube.com/user/guadagnareonline24

Copertina tratta dall'opera pittorica di Caspar David Friedrich dal titolo *"**Wanderer above the sea of fog**"*.

Profilo grafico ed impaginazione:

GuadagnareOnline24 di Giulio Tolu

Prefazione

C'è chi scrive per passione e chi per una necessità interiore; l'autore appartiene senza dubbio a quest'ultima schiera.

Le poesie sono il frutto di una sensibilità non comune, che affronta le questioni essenziali dell'essere nel tentativo di esorcizzare la paura della solitudine e della morte.

Se la solitudine, come si evince dal titolo, è il basso continuo di questa raccolta – giacché siamo completamente e inesorabilmente soli (soprattutto) quando scriviamo –, la speranza di un mutamento si configura sempre all'orizzonte come l'ultima risorsa di un poeta che ha saputo con umiltà raccontarci dei variegati paesaggi di ombre e di luci che appartengono al nostro essere.

Stefano Lattari

Premessa

Questo libro è costituito dall'unione di due raccolte poetiche.

Nella prima raccolta poetica, quella che presenta le poesie scritte sino al 2010, ogni poesia viene accompagnata da un binomio di cappelli introduttivi scritti dal sottoscritto editore e dallo scrittore Stefano Lattari.

La collaborazione di voci crea il gioco del "Canto-Controcanto" tanto caro agli antichi classici e poi ai più recenti umanisti.

Non è importante sapere chi dei due collaboratori sia il Canto e chi il Controcanto perché a essere rilevante è l'opera del poeta e non il nostro modo di analizzarla, le nostre sensazioni nel leggerla o i nostri gusti di forme e contenuti.

Lo scopo del "Canto-Controcanto", dunque, non è quello di rivaleggiare con la raccolta poetica ma semmai di valorizzarla proponendo ai lettori degli spunti di riflessione e di discussione.

Proprio per tal motivo, tali cappelli introduttivi sono stati volutamente scritti molto diversamente tra loro così da abbracciare punti anche molto distanti tra loro.

Abbiamo voluto riesumare il gioco classico del "Canto-Controcanto" per dimostrare come la poesia non sia bella o brutta, ma sia l'emblema della nostra interiorizzazione e come tale sia differente a seconda sia di chi la scrive e soprattutto di chi la legge.

Dopo il 2010, seguirono 5 anni prima che l'autore riprendesse la penna in mano. Nasce così la seconda raccolta poetica, quella che presenta le poesie scritte dal 2015 ad oggi.

Ognuna di queste poesie della "seconda fase", è stata ispirata da delle immagini, quadri, foto celebri o della quotidianità dell'autore.

Spesso dietro il suggerimento dello stesso Manager editoriale Giulio Tolu, che dietro i suoi studi storico-artistici, e soprattutto dietro la conoscenza diretta dell'Azzerlini, sapeva di volta in volta proporre al poeta delle opere artistiche a lui confacenti ed realmente ispiranti.

Per tale motivo, ad ognuna di queste poesie è stata associata l'immagine ispirante o ispirata ….

Con uguale freschezza e libertà di cuore, dopo aver letto l'intera raccolta poetica siete invitati a scrivere le vostre opinioni e sensazioni direttamente nel portale http://www.libri.we-news.com dove il poeta potrà rispondervi.

Un sincero augurio di buona lettura

Editore Giulio Tolu

Prima raccolta:
"Dai primordi al 2010"

Solo

Solo.

Seduto su quelle fredde scalinate

la dolce melodia del vento

era l'unica mia compagna.

Tra le note ho avvertito

la profondità dell'anima mia

che cercava risposte recondite, dimenticate

da una volontà mai paga del presente.

Solo.

Continuavo a piegarmi alla sferza rabbiosa

del vento crudele, senza ribellarmi.

Lieto, ho riascoltato

la voce del passato.

Canto e Controcanto di "Solo"

Canto: Verso dove porta l'ambizione? Nel trovare risposte e nella ricerca si esula dal prossimo trovandosi in solitudine.

Si tratta però di *"risposte recondite"* quindi già presenti dentro di sé.

Il vento è solo un tramite che il poeta trova rabbioso e crudele nella superficie, mentre all'interno porta la voce del passato: le risposte della propria ambizione *"mai paga del presente"*.

Controcanto: Il vento è dapprima dolce perchè, come se soffiasse dentro di lui, risveglia le sue profondità, così come la sua ansia di risposta nell'inappagamento del presente. Nei versi successivi il vento, forse con una folata improvvisa, diventa rabbioso: nello stesso tempo rivela un segreto che duole nel poeta adulto e cosciente. Solo nel ricordo di un passato (quello presumibilmente dell'infanzia) il poeta può trovare serenità.

Essere

Odi il vento che sibila.
Ascolta il lamento degli alberi
che cercano di resistere alla sua furia.
Perditi senza timore nel fumo dei ricordi
che ti assalgono: non sono tuoi nemici.
Essi portano l'amore che un tempo rifiutasti,
il piacere che ignorasti.
Odi il sussurro della tua coscienza
che ti chiama a nuova vita.

Canto e Controcanto di "Essere"

__Canto__: Non c'è rimpianto dei piaceri persi, ma c'è l'ambizione che porta a nuova vita.

Anche in tal caso il vento è sia impetuoso che portatore di ricordi. Tali voci del passato sono sì da ascoltare lietamente, ma sono rielaborati per stimolare a nuova vita.

__Controcanto__: C'è un ripiegamento verso il passato, rievocato da una coscienza che non può trovare soddisfazione nel presente. Ma è tuttavia con malinconia che il poeta rivede il suo passato, giacchè porta con sé tutto ciò che non fu e avrebbe potuto essere. In ogni modo, il poeta non dispera di poter vivere un giorno una nuova vita, ovvero tutto ciò che ancora non è riuscito a vivere.

Tempo

Il tempo sta fuggendo da me
come fossi un appestato.
La mia malattia è quella
dell'uomo in cerca….
Il tempo fugge, fugge
e non ritorna.
Passano gli anni
e vedo la speranza
incamminarsi sulla strada del dubbio.
Il tempo mi sta lasciando
povero e solo….

Canto e Controcanto di "Tempo"

Canto: Non sempre lo slancio è felice. Qui il dubbio scardina l'ambizione e la forza di volontà che voleva portare a nuova vita. La conseguenza è un ritorno alla solitudine di partenza che equivale alla povertà.

Controcanto: La fuga degli anni come un fiume, spesi a cercare qualcosa che possa dare un senso all'esistenza, e far sentire il poeta in pace. Egli si perde in questa ricerca, mentre il tempo scorre e tutto porta con sè, anche la speranza di poter trovare quanto si sta cercando svilisce sempre di più. Alla fine il poeta, guardandosi attorno, non può far altro che constatare la sua solitudine, la sua povertà di affetti lungo la strada della vita.

Ebbrezza

Oggi mi sono fatto
un tempio di dolcezza.
Ho vissuto la primavera che sorge
invischiato tra le foglie dei rami
degli alberi maestosi.
E le gemme in procinto di spuntare
infondevano nel cuore
un'esile speranza di divina follia.
Ebbro dei profumi e dei colori
mi sono ritrovato in un limbo.
Tutto il resto non era più….

Canto e Controcanto di "Ebbrezza"

Canto: Più che di ebbrezza pare di essere stati catapultati senza preavviso in un ovattato stato di trance ove il tempo, prima "*nemico che fugge dal poeta*", è ora intrappolato in una primavera botticelliana e forse arricchito dalle Muse del Parnaso.

Ma tale ebbrezza non è catatonica: priva l'uomo solo del superfluo permettendogli di godere appieno solo in alcuni privilegiati sensi. Pare di immergersi nella canzone "*Can't feel my face*" dei *The Weekend*.

Controcanto: Il cuore è pronto ad accensioni fulminee, come il ciclo vitale delle stagioni: al rifiorire della primavera con il suo carico di colori e profumi, rifiorisce anche il poeta con la sua "*esile speranza*", tanto da condurlo in una dimensione atemporale a metà tra quella terrena e quella onirica (il "*limbo*").

La stanza

La stanza era buia.

Ho acceso la luce

e ho visto lo scatolone dei giocattoli

riposto in un angolo, polveroso.

Un senso di disorientamento

e di commozione ha assorbito quel momento.

Frastornato, mi ritrovai indietro nel tempo

all'età della fanciullezza,

e tutto mi apparve nella sua chiarezza.

Canto e Controcanto di "La stanza"

Canto: Ancora una volta, il poeta tira una il tempo del passato e dei ricordi per mezzo di un oggetto o di una situazione stimolante che funga da stargate, da passaggio temporale, da macchina del tempo.

Controcanto: La fanciullezza è l'età felice per il poeta perchè incontaminata dalla ragione e dalle problematiche esistenziali legate all'identità e al senso da dare al mondo. La fanciullezza rende tutto più chiaro perchè età ingenua e spontanea, priva dell'ansia di ricerca che attanaglia il poeta.

Confusione

Nella steppa sconfinata
spazzata dal gelido vento
vidi un uomo.
Correva nella tempesta,
quasi fosse un messaggero….
Lo vidi, mi vide.
Il suo sguardo penetrò i miei occhi
cercando qualcosa tra i sogni perduti
e le visioni disordinate del mio cuore.
Mi sorrise, e corse per la sua strada,
lasciandomi nella totale confusione
del vivere.

Canto e Controcanto di "Confusione"

Canto: In comune a tutte le poesie, il vento è portatore di ricordi ... ma sta all'animo del poeta l'accoglierli: a volte il passaggio del vento rende il poeta lieto (come in "*Solo*"), a volte (come qui) lo lascia in "*totale confusione del vivere*".

Controcanto: Si apre ancora uno scenario dominato dal vento. Questo elemento è ancora portatore di un sommovimento nell'animo del poeta. Irrompe d'improvviso una figura umana (un altro ego dell'autore?), portatrice di turbamento e confusione.

Un sogno

Vivo perduto in un sogno,
all'ombra della sua esistenza
sbocciata in un giardino di rose.
Da lontano ne ammiro l'innocenza,
quella dolcezza così pura
che placa i foschi pensieri miei.
Appare così irraggiungibile per me,
piccolo uomo, come l'astro solare
che riscalda la terra.

Canto e Controcanto di "Un sogno"

Canto: Ambizione del nuovo e ricordi del vecchio si alternano come in una lotta costante.

I pensieri del poeta sono sempre da placare: sono "*sogni perduti*", "*visioni disordinate*" come nella poesia "*Confusione*", oppure prendono forma di "*una speranza [che si incammina] verso la strada del dubbio*" come nella poesia "*Tempo*".

Controcanto: Il poeta si concentra sul suo sogno, restandone però ai margini della realizzazione. Ne contempla la sua purezza, capace di placare i suoi pensieri foschi. Resta comunque proibitivo il suo compimento...

Foglie d'Autunno

Foglie d'autunno.
Le vedo cadere sulla terra fresca
come frammenti di vita
marciti dalla solitudine.
Il loro lamento si libra nell'aria
come il canto del cigno
prossimo alla morte,
calpestate nell'indifferenza,
private dell'amore.
Udivo il loro pianto,
il grido di aiuto,
e ho sofferto….
come una foglia d'autunno.

Canto e Controcanto di *"Foglie d'Autunno"*

Canto: Il tema della solitudine è sempre presente (come anche in *"Solo"*), ma si tratta di una sofferenza superata - «*or non è più autunno, ma primavera*» -, ma sarà davvero così o è l'ambizione del nuovo che parla?

Controcanto: La sensibilità del poeta lo porta a sentire il grido delle foglie caduche, il loro pianto che sembra presagire la morte. È una personificazione attraverso cui il poeta esprime il proprio dolore riflesso nella natura.

Camminare

Camminare,

assorto nella calura del meriggio

rasentando muri

sgretolati dal tempo, anime

secolari di vite passate.

Camminare.

Vedevo nebbioso l'orizzonte

di fosche tonalità, pastelli consumati

da mani dimenticate.

Un cammino infinito al di là…

Canto e Controcanto di "Camminare"

Canto: Si prende atto del passare del tempo (come l'omonima poesia), ma ormai sembra connaturata la forza di volontà, ambiziosa, di andare sempre e comunque avanti.

Controcanto: Il poeta pensa alle anime di milioni di uomini vissuti e che un tempo, sono passate nello stesso luogo del poeta. E davanti ai suoi occhi si spalanca, in un orizzonte nebbioso che non permette una vista nitida, l'infinito... La poesia _"Camminare"_ è di difficile interpretazione.

Desiderio di gloria

Un sudario di profumi
e poi sepolto in una tomba
antica accanto ai grandi
che furono.
Una preghiera rivolta
a divinità ancestrali.

Canto e Controcanto di "Desiderio di gloria"

Canto: «Il sano bipolarismo», presente in ognuno di noi soprattutto nei momenti più difficili che necessitano di una svolta, che mostra il poeta in un continuo passaggio tra la triste solitudine autunnale e la primaverile ed ambiziosa forza di volontà di autorealizzazione.

Controcanto: Già dal titolo stesso si capisce come il poeta aneli ad un riconoscimento terreno, e di ricevere addirittura la stessa onorificenza dei grandi. Questa è la preghiera che rivolge a *"divinità ancestrali"* (ignoro chi siano, ma potrebbero essere Apollo, dio della poesia e delle arti, oppure le Muse).

Attesa

Sento l'avvicinarsi
di nere e impietose ombre
sussurranti al mio orecchio
echi di momenti sepolti.
Come una recluta
che imbraccia per la prima volta
il suo fucile, tremo
e attendo la grande battaglia.

Canto e Controcanto di "Attesa"

Canto: L'ambizione si tramuta in rassegnazione che nella vita non si finisce mai di combattere ... non manca però la capacità di rialzarsi e di continuare a lottare.

Controcanto: Le ombre del passato tornano a visitare il poeta, echi di momenti insepolti, ma ancora in grado di resuscitare dalla sua memoria. Lo scontro è prossimo, il poeta trema come se le affrontasse per la prima volta.

Ti cerco

La luce del mattino
colpisce senza pietà
i miei occhi ancora
semichiusi dal torpore.
Sveglio, mi sento estraneo
al tuo mondo semplice e puro.
Come l'ape il suo fiore,
come il cavaliere la sua dama,
ti cerco.
E forse non ti troverò mai
mia infinita passione.

Canto e Controcanto di "Ti cerco"

Canto: La solitudine è il tema fondamentale e l'ambizione è quella di risolverla trovando risposte, ma il paradosso sta nel fatto che proprio la ricerca abbia concretizzato la solitudine facendola diventare reale: «*se pensi di avere un problema, di sicuro se non lo hai lo avrai*».

Controcanto: Al desiderio di fama o di riconoscimento si aggiunge quello dell'amore, che il poeta sente racchiudere in sé. Il poeta prova una passione che non trova un oggetto cui rivolgersi. Possiamo immaginarla rivolta ad una figura femminile, ma presumibilmente è rivolta all'amore in sé, un ideale astratto cui egli aspira.

Pioggia

Furia selvaggia
dello scrosciare dell'acqua
come un diluvio
per mondare i peccati dell'uomo.
Dalla mia amata prigione
sentivo la sua voce
che mi chiamava
per punirmi.

Canto e Controcanto di "Pioggia"

Canto: La solitudine si è fatta forza creandosi una sorta di "*amata prigione*": «*se non posso distruggerla, mi ci vi alleo e ne faccio virtù*». Ma non si tratta di uno stato eterno e definitivo perché il poeta non si arrende alla ricerca ... sta solo rifiatando e dunque "attendendo".

Controcanto: Ancora un elemento naturale oltre al vento: l'acqua qui è vista come elemento purificante e ammonitrice. Dalla sua prigione amata (perché lo tiene lontano dal mondo) sente la sua voce che lo chiama per punirlo).

Alla ricerca

debbo creare nulla dal nulla

nero dal nero,

o mistero,

descrivendo l'inconoscibile

che si cela in ogni vita,

scrivere senza saper cosa dire

al mondo che ti guarda

esterrefatto.

Canto e Controcanto di "Alla ricerca"

Canto: Il poeta ha sì ripreso fiato, ma non sa quale strada percorrere, ma ciò non lo scoraggia perché vale comunque la pena percorrere.

Controcanto: Si esprime il mistero della creazione poetica, che tenta di creare "*il nulla dal nulla*", (mi ricorda Lucrezio, che nel "*De Rerum Natura*" dice "*nulla si genera dal nulla*". Ma qui il poeta si riferisce a quello stato dell'anima assimilabile al vuoto interiore). Il poeta vorrebbe esprimere un segreto che appartiene all'essere, rischiando di non essere compreso da nessuno ("*il mondo che ti guarda esterrefatto*").

Progresso

Il girovagare di esseri senza volto
rumoreggia nella strada
densa di fumo nero.
Non so chi sono.
Non esisto.
Api e uccelli fuggono
in preda alla paura.
Li guardo malinconico
agognando una chimera.

Canto e Controcanto di "Progresso"

Canto: La chimera è una creatura mitologica che non esiste e che dunque simboleggia un'ambizione che l'inconscio del poeta crede di non poter realizzare e soddisfare. Ecco allora il paradosso del *"progresso"*: o questo non c'è, o sta nel fatto di aver compreso questa logica.

Controcanto: Il poeta si perde nell'anonimato della folla. Non riesce a riconoscersi nei suoi gesti, si sente senza identità. C'è un senso di paura e spaesamento, trasferito nella fuga degli uccelli e delle api. Tuttavia il poeta, pur nella malinconia, ha ancora la forza di sognare e di sperare.

Volontà di potenza

Saziarsi di gloria

dinanzi al fato

consumando troppo tempo

in cose futili,

ed egli si crede un dio…

ma nelle sue mani

ha solo di statue di cera.

Canto e Controcanto di "Volontà di potenza"

Canto: «*Sono tutti statue di cera? O si può sfuggire dal Dio Fato?*». Il poeta si interroga sul suo cammino. Crede di essere egli stesso un Dio ... ma a volte con le capacità di modellare solo ciò che non è durevole (la cera appunto).

Controcanto: Si esprime la consapevolezza della vanità della vita (primi quattro versi). Il quinto verso si può interpretare in due maniere: dio (da notare che è stato scritto in minuscolo come per toglierli ogni attributo sacro e divino) è il creatore di un uomo che, pur volendosi ricoprire di gloria mondana, deve fare i conti con la sua fragilità e fuggevolezza. Nella seconda interpretazione, è l'uomo stesso che si crede un dio, ma ha nelle mani statue di cera (i beni terreni precari).

Sera

Sera.
Dalla finestra della mia stanza
getto lo sguardo malinconico
sul cielo stellato.
Orizzonti infiniti
si presentano ai miei occhi
dolenti, che oltre non vedono,
immaginando viaggi mai compiuti.
La notte incombe su di me
riportandomi alla cruda realtà
del tempo presente
nella solitudine del bicchiere di vino
poggiato sulla tavola.
Allora mi lascio cadere, malinconico
sul letto ascoltando
la voce della mia sera.

Canto e Controcanto di "Sera"

Canto: Sogno e realtà sono ben distinti: il sogno di orizzonti infiniti si contrappone alla *"cruda realtà"* della solitudine e dei viaggi mai compiuti. I paradossi ed i contrasti riappaiono con forza e vigore.

Controcanto: È il momento in cui prende forma un contrasto: lo riporta alla sua condizione presente fatta di solitudine e di vuoto, di ciò che non si è realizzato, ma allo stesso tempo il silenzio della notte gli spalanca il percorso che ancora deve compiere. Si abbandona così cullato alla voce della sera.

Un amico

A Claudio Valleriani

Ci incontrammo la prima volta al liceo,
seduti in banchi diversi
ascoltando le stesse lezioni mattutine
fra Alceo, Orazio e Dante.
Gaio come una colomba
che si libra nel cielo
scherzava con tutti
e divenne mio amico.
Le circostanze della vita
ci divisero e ci fecero ritrovare
per breve tempo.
le sue parole di conforto
rieccheggiano ancora nel mio cuore.
Pochi sanno che visse.

Canto e Controcanto di "Un amico"

Canto: La vita insegna, specie nei momenti più tristi. Come si ritroverà nella poesia "*Mamma*", il poeta comprende che nessuno è solo se ne si preserva la memoria. Ed è così che l'amico non è completamente svanito ed anzi è ancora più presente nel cuore e nella mente di quanto lo fosse da vivo.

Controcanto: Parte memoriale insieme alla poesia successiva, "*Mamma*". In ricordo di un caro amico con cui ha condiviso momenti di amicizia. Una persona dall'allegria contagiosa. In particolare ricorda le parole di conforto.

Mamma

Notte.

Prima di dormire, immerso

nel fumo della sigaretta

nel silenzio la sua voce

udivo, simile al canto del cigno:

antonio…..antonio…..

ascoltavo,

cercavo la fonte

di quel suono dell'infanzia.

E la sua figura avvizzita

si fece avanti accarezzandomi,

e allungando la mano mi chiamava:

antonio…..antonio…..

mi persi nel ritorno

udendo la dolce melodia

ancora una volta e dissi:

mamma…..mamma….

Canto e Controcanto di "Mamma"

Canto: Fin dall'inizio della raccolta, il poeta non ci svela chiaramente da cosa o da chi si senta solo. Prima si poteva presupporre che si sentisse in solitudine rispetto ad un mondo che sentiva non appartenergli. Poi da una compagna, da un vero amico, ed ora dalla madre.

La verità sta nella summa degli elementi come tutto è nella amata natura che il poeta in continuazione richiama all'uso di uno stargate dei suoi ricordi.

Controcanto: La voce della madre, la prima che si ode nella vita, e che sembra far regredire il poeta nello stadio dell'infanzia. È una voce, quella della madre, che risale dal tempo per accompagnare la regressione del poeta verso l'infanzia.

Normalità

La musica del tempo
si insinua nel mio cuore
che vola come aquiloni
nel vento.
Non capisco il perché,
non comprendo il come.
Vedo solo l'avvicendarsi
delle confusioni psichiche
tra le stranezze della normalità.

Canto e Controcanto di "Normalità"

<u>Canto</u>: In questo mondo, ed ancor di più nella nostra era, sono proprio la confusione e le stranezze a costituire la normalità come un «*naturale bipolarismo dell'essere*». Ma cosa in realtà è normale?! È normale ciò che è scontato e comune o ciò che è giusto?!

<u>Controcanto</u>: Tutto il passato gli sembra in realtà privato di senso: ogni gesto quotidiano non trova un fondamento. Nessuno sa veramente che cosa vuole (questo sembra espresso dal verso "*complicanze psichiche*"), e si esprime attraverso gesti che, pur nella loro quotidianità, risultano strani, ovvero incomprensibili (la poesia non è di facile interpretazione).

Deserto d'amore

Fredda pietra di collina
penetrasti nel mio cuore,
come lama tagliente
trafiggesti l'animo mio
arido di te.
Un deserto lasciasti
dietro il tuo passaggio
di locusta….

Canto e Controcanto di "Deserto d'amore"

Canto: «*Solitudine d'amore, amore di solitudine*».

Controcanto: L'amore non corrisposto lascia come un deserto dietro di sè. Il suo passaggio è devastante. È come una lama tagliente, una fredda pietra di collina. L'animo del poeta si sente arido perchè da tanto tempo il suo cuore è rimasto privo di amore.

Affanno

La luce soffusa del salotto
diventa musa ispiratrice,
di desiderio di esprimersi
nel calore della notte.
Non so cosa scrivere:
troppi pensieri si affollano
si intrecciano, contrastano,
e mi assale l'affanno
di non riuscire
ad essere io.

Canto e Controcanto di "Affanno"

Canto: «_La confusione è la normalità!_». La raccolta poetica trova in questa è nella poesia precedente il segreto ai pensieri, la quadratura del cerchio. Ora è tutto più chiaro! «_L'incertezza è la certezza!_».

Controcanto: L'ansia di esprimersi lo sovrasta, risvegliata dalla luce soffusa del salotto ... la luce provoca anche il bisogno di fare luce dentro di sé. Ma la forte l'esigenza di esprimersi provoca anche un blocco creativo che abbraccia il pensiero e il linguaggio, l'affanno di non riuscire a dire tutto con sincerità.

La mia essenza

La mia essenza
vive nascosta
negli angoli polverosi
di vecchie librerie
dove trascorro il tempo
con amici odoranti
di malinconia.

Canto e Controcanto di "La mia essenza"

Canto: Ancor di più della poesia "_Essere_", questa costituisce la più fedele descrizione del poeta: l'amore per i classici lo fa uscire dalla solitudine. Questo fa sì che la raccolta poetica trovi una completezza positiva, una risposta alle domande.

Controcanto: È grazie alla lettura dei classici, (gli amici odoranti di malinconia) che il poeta "_si sente come a casa_", libero di esprimere la sua essenza. Ancora una volta emerge il tema della solitudine.

Seconda raccolta: "Dal 2015 ad oggi"

Movimenti

Sento un tempo infinito
Che scorre tra le dita.
Toccare il cuore di altri
senza la comprensione
di essere attratto da Dio.
Altri vedranno le ore liete
che scorrono, figlie del tempo.
Natura, sangue, vita, verde
la speranza di una svolta
risorge nel cuore..

Quadro ispiratore della poesia "Movimenti"

Opera del 1910-1911 dal titolo "*La città che sale*".

Eseguita dal pittore Umberto Boccioni.

Lacrime

Lacrime?
Lacrime.
Voi, figlie del dolore
e dell'incomprensione,
cristalline tuttavia
di antica bellezza,
cadete sulla terra
quali gocce di rugiada.
E morite,
anche voi,
come il dolore che recate.

Quadro ispiratore della poesia "Lacrime"

Opera del 1647 dal titolo "*Lacrime di San Pietro*".

Eseguito dal pittore Giovanni Francesco Barbieri detto "Il Guercino".

Conservato al Museo del Louvre a Parigi

Qualcosa

Qualcosa.
Un impeto di follia
che genera altra follia
in turbine infinito,
o genio che oltrepassa
le barriere del tempo
e dell'umano sentire.
Qualcosa….
Qualcosa si muove
nel crepuscolo dove gli dei
finiscono amaramente
i loro giorni di gloria.
Qualcosa accade…
nell'eterno presente
di un futuro agognato.

Quadro ispiratore della poesia "Qualcosa"

Opera del 1819 dal titolo "*Orlando libera Angelica*".

Eseguito dal pittore Jean Auguste Dominique Ingres.

Onde

Ho creato
un flusso marino,
onde su onde
per sorreggermi
nell'infinito.
E la buia notte avanza,
ma io non la temo
perché le mie mani
toccano il cielo,
accarezzano il mare,
amico fraterno
simbiosi di anime
tra i flutti impetuosi.

Quadro ispiratore della poesia "Onde"

Opera del 1881 dal titolo "*Marine du Pourville*".

Eseguita da Claude Monet.

Notte fiorentina

Sento il tuo brivido
di calma assordante
in questa notte fiorentina.
E ti vedo tra i vetri
che sbirci il tutto,
fantasma o forse
reale esistente al di là,
in una vita
che non è vera vita.
E scrivo parole inerti,
senza vedere,
solo sentire
tra le calme nebbie
di una notte fiorentina.

Quadro ispiratore della poesia "Notte fiorentina"

Opera del 1889 dal titolo "*Notte stellata*".

Eseguita dal pittore Vincent van Gogh.

Inno ad un amico

In memoria di Agostino Giordano

L'oscuro mare dell'incomprensione
non ha pietà delle sue vittime.
Ombre vaganti si aggirano
sui suoi flutti, su barche leggere
di legno infido,
ad ogni colpo sballottate
dalle onde nere, diavoli
di un inferno mitologico.
Un mare fatto di lacrime
amare, che porta con sé
il ricordo dei vivi
mai rassegnati.
La tua ombra appare
più nitida delle altre.
Posso scorgere il tuo sguardo,

triste, che si allontana sempre più

nell'orizzonte mai sazio

di dolore, muro invalicabile

tra la vita e la morte.

Quadro ispiratore della poesia "Inno ad un amico"

Opera del 1863 dal titolo:

"Giuseppe Garibaldi visita Alessandro Manzoni il 15 marzo 1862".

Eseguita da Sebastiano De Albertis.

Nostalgia

Vecchio, non sentirti offeso
per la tua veneranda età
e raccontami una storia
di vita vera.
Narra senza rimpianti
ai tuoi discepoli,
bambini attenti,
di un passato dimenticato
tra le foglie d'autunno
ora cadute, morte
come le antiche storie.

Quadro ispiratore della poesia "Nostalgia"

Opera del 1810 dal titolo "*Abbazia nel querceto*".

Eseguita dal pittore Caspar David Friedrich.

Sirene

Ibride creature
calunniate dal mito,
voi, Sirene, incantatrici
dal canto melodioso,
riempite di effimera gioia
i cuori degli uomini.
Novello itacese,
voglio viaggiare nell'oblio
grazie a voi, amiche Sirene,
datrici di gioiose illusioni.

Quadro ispiratore della poesia "Sirene"

Opera del 1886 dal titolo *"Sirena che gioca"*.

Eseguito dal pittore Arnold Bocklin.

L'incontro

Un enorme muraglia
invalicabile e minacciosa
si ergeva dinanzi a me,
tenue luce della fermata del treno
che nascondeva il tuo volto al mio.
Un sospiro.
Presi coraggio e valicai quel muro.
Vidi allora il suo sorriso
mai mutato negli anni
incontrare il mio timido sguardo.
Tempo mai trascorso
di un antico legame.

Quadro ispiratore della poesia "L'incontro"

Opera del 1851 dal titolo:

"*Veduta della Basilica di Santa Maria della salute e della laguna di Venezia*".

Eseguito dal pittore Edward William Cooke.

Stranezza

In onore della lingua greca

Attraverso la tua bellezza
vivo nella mente
un tempo glorioso
in cui l'uomo era uomo
e non macchina.
Immagini di antichi rituali,
di processioni divine,
di battaglie d'eroi
si affollano nella mia mente
grazie alla tua spontaneità.
E calco le scene coturnate
dove le antiche storie di popoli
prendono vita, mescolando
presente e passato
in un'unica entità.

Una stranezza,
nient'altro che una stranezza
per i più, è la mia condanna
alla felicità che si esprime
verso orizzonti infiniti.

"Odissea" di Omero ispiratrice della poesia

"Stranezza"

I primi nove versi del capolavoro di Omero

ΟΔΥΣΣΕΙΑ

Ἄνδρα μοι ἔννεπε, Μοῦσα, πολύτροπον, ὃς μάλα πολλὰ
πλάγχθη, ἐπεὶ Τροίης ἱερὸν πτολίεθρον ἔπερσε·
πολλῶν δ᾽ ἀνθρώπων ἴδεν ἄστεα καὶ νόον ἔγνω,
πολλὰ δ᾽ ὅ γ᾽ ἐν πόντῳ πάθεν ἄλγεα ὃν κατὰ θυμόν,
ἀρνύμενος ἥν τε ψυχὴν καὶ νόστον ἑταίρων.
ἀλλ᾽ οὐδ᾽ ὣς ἑτάρους ἐρρύσατο, ἱέμενός περ·
αὐτῶν γὰρ σφετέρῃσιν ἀτασθαλίῃσιν ὄλοντο,
νήπιοι, οἳ κατὰ βοῦς Ὑπερίονος Ἠελίοιο
ἤσθιον· αὐτὰρ ὁ τοῖσιν ἀφείλετο νόστιμον ἦμαρ.

Colloquio con la vita

"Cinque mesi, mio caro,
sono ormai trascorsi.
Non ricordi?"
Così disse quella voce
simile da un sussurro,
flebile e sì gentile
come una calda brezza estiva.
"Non dimenticare quel giorno..."
Continuava a parlare senza fermarsi
a proferire parole su parole,
affabili, tenere come carezze
di una madre amorevole.
Sembrava un fiume in piena
pronto a travolgere ogni cosa
gli si parasse davanti.
"Chi sei? Chiesi titubante."
"Non mi riconosci?
Sono ciò che hai sempre voluto."

Mi rispose con un sorriso.

Ed io compresi che dalla fine

era nato un nuovo inizio.

Scultura ispiratrice della poesia "Colloquio con la vita"

Busto dell'imperatore romano Marco Aurelio

Nell'immensità

Rumori di macchine
di libri sfogliati
di voci sussurate
sono la cantilena che
mi accompagna
ogni giorno, nelle ore
trascorse, agognate
piene di desiderio
tra quelle mura
che trasudano
un passato ricco
di immagini impetuose,
quasi assordanti
colme di passione
ancestrale, per i pochi
che vogliono bere
alla loro fonte.

Quadro ispiratore della poesia "Nell'immensità"

Opera del 1809-1810 dal titolo "*Monaco in riva al mare*".

Eseguito dal pittore Caspar David Friedrich.

Custodito alla Alte Nationalgalerie di Berlino.

La casa di Empoli – Le fotografie

C'erano tante fotografie, troppe,

stipate nel fondo di quel cassettone,

e molte altre erano sparse

per la tua casa, ora fredda e buia,

non più tua

non più nostra.

Sono antichi cimeli di storie che si intrecciano

e che ora cadono nell'oblio del tempo,

relitti di un passato mai stato presente.

Ma nella casa, nei meandri delle sue stanze,

aleggia ancora, io lo sento,

quel profumo stantio di epoche lontane,

di antiche presenze forse mai paghe di pace.

Era la tua casa,

ora non più tua,

non più nostra.

Foto associata alla poesia "La casa di Empoli –
Le fotografie"

Titolo originale "*Gruppenbild-Fotografie in einem großen Garten mit Soldaten und Damen an unbekannten Ort*"

Foto scattata da Theodor Harder und Sohne nel 1900.

La casa di Empoli – I libri

Innumerevoli libri di ogni genere
erano disseminati in quella stanza
così luminosa all'appressarsi del giorno
quasi a voler significare l'esistenza
di un'intera stirpe.
Rivivo in essi altre vite, le nostre vite,
ne avverto l'essenza in quelle pagine
ormai vecchie, ma ancora piene
di vita e di insegnamento.
Innumerevoli libri
erano disseminati in quella stanza
ora senza più luce
ora senza più libri.

Foto associata alla poesia "La casa di Empoli – I libri"

Vittoriale degli italiani: l'officina. Miniatura.

Anno: 2012

Fonte: Biblioteca Vittoriale. Archivio iconografico

La casa di Empoli – Il vuoto

Alacre lavoro si svolgea
entro le mura di siffatta magione
ove nel vuoto sempre più ampio
ove in esso incombente
la tua anima piangea
lacrime di gioia e di dolore.
E l'aere greve di rimpianto
sembrava sussurrare nei lobi miei
parole d'addio, simboli eterni
di una fine attesa.

Quadro ispiratore della poesia "La casa di Empoli – Il vuoto"

Opera del 1822-1823 dal titolo:

"Burrone roccioso nelle montagne di arenaria dell'Elba".

Eseguito dal pittore Caspar David Friedrich.

Custodito all'Austrian Gallery Belvedere.

Scrivere

Non so più cosa scrivere...
Vorrei soltanto descrivere
sensazioni mai vissute
da ogni uomo o donna
su questa terra, che
oramai mi è estranea
divisa tra indifferenza e solitudine.
Scrivere, non sapere cosa
di fronte al nulla umano
immerso nella sua mediocrità.
Eppure scrivo senza pensare
scrivo senza cercare
scrivo e non scrivo
senza pensare a ciò che sarà.

"Oscar Wilde" ispiratore della poesia "Scrivere"

Foto del 1882.

Custodita alla Library of Congress, Napoleon Sarony.

La fonte dell'amore

Ho attinto a piene mani
a quella acqua profonda,
cristallina, echeggiante
di suoni leggeri.
Ero lì, pronto a bere avidamente
sotto lo sguardo di colei
che ne nacque, benefattrice
dell'umanità.

Quadro ispiratore della poesia "La fonte dell'amore"

Opera del 1540-1545 dal titolo "*Allegoria del trionfo di Venere*".

Eseguito dal pittore Agnolo di Cosimo detto "Il Bronzino".

Mi devo attaccare a te con tutto me stesso

Mi devo attaccare a te con tutto me stesso.
È un bisogno, forse una droga
che ha mi preso con violenza
e da cui non voglio liberarmi.
Ti prego, ascolta la mia confessione,
non fuggire di fronte al mio
sguardo impaurito e timido,
non ridere delle mie parole sconnesse
che sincere escono dal cuore
come lame estratte da una ferita
mortale.

Quadro ispiratore della poesia *"Mi devo attaccare a te con tutto me stesso"*

Opera del 1873 dal titolo *"Primavera"*.

Eseguito dal pittore Pierre Auguste Cot.

Ieri sera ho sentito il vento

Ieri sera ho sentito il vento
sbattere sulle imposte lignee
con furia selvaggia.
Voleva irrompere nella mia stanza
come un barbaro invasore, crudele
parlarmi del passato, rievocare
cose, dolori, gioie, stranezze.
Continuava a bussare con forza
inaudita, ed io sdraiato sul letto
guardavo con indifferenza, udivo
le imposte piangenti per i colpi
ricevuti, prive di lacrime amare.
Dormii di un sonno profondo.

Quadro ispiratore della poesia "Ieri sera ho sentito il vento"

Opera del 1842 dal titolo "**Snow storm: Steam boat off a Harbour's Mouth**".

Eseguito dal pittore Joseph Mallord William Turner.

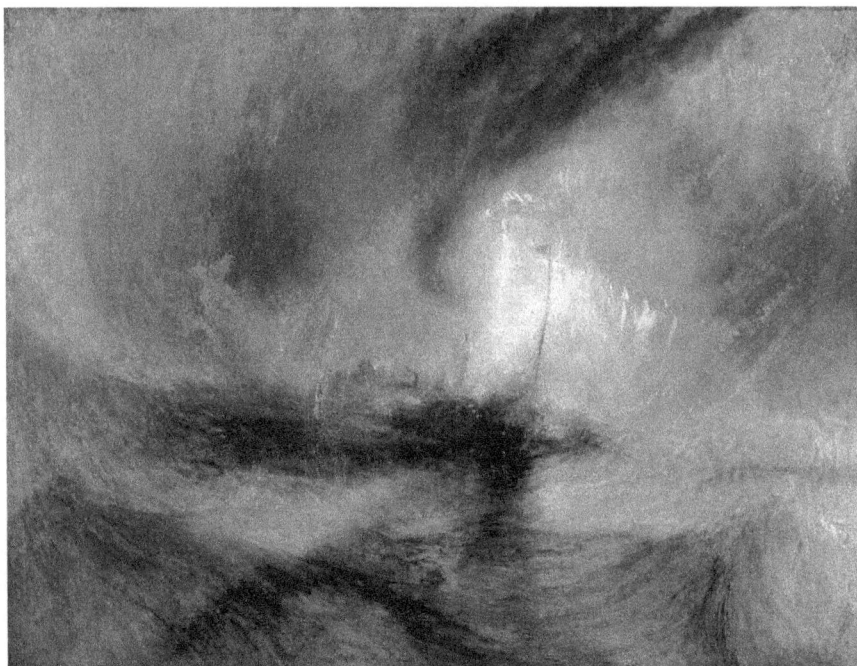

Inno alla primavera

Giungerà il tempo dei profumi di rose
e di altri fiori di infinite sfumature che
avvamperanno i cuori delle persone
drogandoli con il loro istinto di passione.
Già mi vedo correre per i prati
lungo gli argini dei fiumi, nelle
campagne spazzate dal vento caldo
amico sincero, non più maligno,
senza pensare all'oggi tenebroso o
al domani incerto, ma solo al cuore
che batte.

Quadro ispiratore della poesia "Inno alla primavera"

Opera del 1482 dal titolo *"La Primavera"*.

Eseguita da Sandro Botticelli.

Sommario

Biografia

Antonio Azzerlini, nato a Empoli il 22 aprile 1976.

Trasferitosi a Scarperia, nel Mugello, nel 1982 in seguito alla vendita della farmacia di famiglia e al ritrovamento di un lavoro analogo da parte del padre, frequenta le scuole elementari e medie nel paese.

Frequenta all'inizio la scuola alberghiera nel 1990-91, ma poi passa il più congeniale liceo classico: il Dante a Firenze dal 1991 al 1996, dal quale si dovette ritirare a causa di dissidi con i professori e di una situazione familiare particolare, fattori che influirono negativamente sulla sua condotta scolastica.

Lavora in fabbrica per 10 anni e nel 2004 riprende con successo gli studi, diplomandosi nel 2006 al liceo classico Galileo di Firenze.

Nel 2007 si iscrive al corso di laurea di *"Lettere antiche"* presso la facoltà di *"Lettere e Filosofia"* di Firenze e nel 2012, a causa delle esigenze di lavoro e di una malattia, consegue in ritardo il titolo triennale in letteratura latina.

Nel 2016 ha conseguito con successo anche il titolo magistrale in letteratura greca presso la medesima facoltà e lavora in qualità di portiere notturno presso l'hotel Rita Major, sito in Firenze.

N.B.: Biografia tratta da http://goo.gl/ZnGTMe

www.ingramcontent.com/pod-product-compliance
Lightning Source LLC
Chambersburg PA
CBHW032141040426
42449CB00005B/356